# CATALOGUE

### DES BELLES

# FAÏENCES ITALIENNES

## DES FABRIQUES

d'Urbino, Pesaro, Faenza, Castelli, la Frata
et Castel-Durante

### FAÏENCES HISPANO-MORESQUES, PERSANES, HOLLANDAISES
### DE BERNARD PALISSY, ROUEN ET NEVERS

Porcelaines orientales, important Service de l'Inde, Ivoires européens
chinois et japonais
Émaux de Limoges, Objets de vitrine

## TRÈS BEAU LUSTRE ET QUATRE APPLIQUES

### GARNIS DE CRISTAUX DE ROCHE

## BRONZES D'ART ET D'AMEUBLEMENT

Crédence en bois sculpté, Vitrine, Glace, Pendule

### TABLEAUX MODERNES

### MAGNIFIQUES TAPISSERIES A SUJETS TÉNIERS

#### FORMANT LA

## Collection de Feu M. X***

### ET DONT LA VENTE AURA LIEU

## PAR SUITE DE DÉCÈS

# HOTEL DROUOT, SALLE N° 6

## Le Mardi 27 Mai 1884

### A DEUX HEURES

| M° ESCRIBE | M. A. BLOCHE |
|---|---|
| COMMIS⁹⁶-PRISEUR | EXPERT |
| rue de Hanovre, n° 6 | rue Laffitte, n° 44 |

## EXPOSITION PUBLIQUE

Le Lundi 26 Mai 1884, de 1 heure 1/2 à 5 heures 1/2.

---

## PARIS — 1884

# CONDITIONS DE LA VENTE

La Vente sera faite au comptant.

Les Adjudicataires paieront CINQ POUR CENT, en sus des adjudications.

Aucune réclamation ne sera admise une fois l'adjudication prononcée.

# DÉSIGNATION

## TAPISSERIES

1 — Série de quatre magnifiques Tapisseries, offrant
des sujets d'après *Téniers*, signés F. V. D.
BORGHT. OEuvres de *Engelin van Peils-
werth*.

TROIS TAPISSERIES réunies en un seul
panneau, représentant *la Noce flamande, le
Repas, la Danse* et *les Fumeurs*. Compositions
de nombreuses figures au milieu du plus riant
paysage.

La QUATRIÈME, représente *les Vendanges*.
De tous côtés on apporte du raisin, on cercle
les barriques, au fond, sur un pont, on voit
des petits personnages; à travers les arches, se
déroule un charmant paysage.

# FAIENCES ITALIENNES

2 — **Urbino.** Paire de très beaux Vases, forme cylindrique, décor sur fond gros bleu, représentant des cerfs, des volatiles, des lièvres, des béliers, des éléphants et un personnage tenant un glaive à la main, au milieu de branchages, d'entrelacs et de fleurs en couleur. Le col et le pied fond blanc, offrent des guirlandes de vignes et de chêne, xvi<sup>e</sup> siècle. Qualité rare. Remarquables par leur émail et comme paire.

Ils sont montés sur quatre chevaux en bronze doré, posant sur des socles en marqueterie de cuivre sur écaille de l'Inde, style de Boule. La gorge est formée d'une forte moulure à godron en bronze doré, partie au mat, partie polie.

3 — **Urbino.** Très beau Plat rond, décor à reflets métalliques et rubis, représentant *Daphnis et Chloé au bain*. Porte au revers la date de 1540, attribué à Maëstro *Georgio*. Encadré.

4 — **Urbino.** Belle Coupe sur piédouche, représentant *le Retour de l'Enfant prodigue*. xvi<sup>e</sup> siècle.

5 — **Urbino.** Belle Coupe sur piédouche, représentant *César devant une ville forte suivi d'un nombreux cortége*. xvi<sup>e</sup> siècle.

6 — **Urbino.** Beau Cornet, de forme cylindrique, légèrement cintré, décoré de médaillons à personnages, de griffons, de trophées et d'une banderole à l'inscription SY-DE-PAPA, sur fond bleu, vert et orange, xvi<sup>e</sup> siècle; monture en bronze poli, à anses formées de dragons.

7 — **Urbino.** Deux belles Potiches, fond bleu, avec médaillons à figures de saints, fleurs et palmes, xvi<sup>e</sup> siècle, montées en lampes en bronze poli.

8 — **Urbino.** Quatre belles Assiettes décorées de vues de villes fortes, arrosées par des cours d'eau, de paysages montagneux animés de figures: aux blasons des *Salviati*, xvi<sup>e</sup> siècle.

12 — **Urbino.** Deux jolies petites Coupes creuses à bords plats, représentant *le Jugement de Pâris et Mars présenté à Vénus par l'Amour*, xvi<sup>e</sup> siècle. Encadrées.

13 — **Urbino.** Très joli Plat, représentant *Scipion et Annibal à la tête de leurs armées, séparés par un fleuve*. Importante composition de nombreuses figures, porte au revers l'inscription descriptive, xvi<sup>e</sup> siècle.

14 — **Urbino.** Coupe ronde représentant *Leda et Jupiter transformé en cygne*. Une vue de ville, et, dans les nuages, *Jupiter armé de ses foudres*, xvi<sup>e</sup> siècle.

15 — **Urbino.** Coupe ronde, décor à figures d'amours et dessin à la Raphaël, xvi<sup>e</sup> siècle.

16 — **Urbino.** Coupe sur piédouche, forme ronde, à
bossages, décor à fond d'ornements, avec médaillon à figure de femme sur l'ombilic, xvi<sup>e</sup>
siècle.

17 — **Urbino.** Deux belles Potiches, riche décor à médaillons, fleurs lobées et palmes sur fond bleu,
xvi<sup>e</sup> siècle, montées sur quatre dauphins en
bronze poli.

18 — **Urbino.** Très beau Plat rond, représentant l'*En-
lèvement de la belle Europe*. Composition de
nombreuses figures, xvi<sup>e</sup> siècle. Encadré. (Pro-
vient de la collection du baron de Théis.)

19-20 — **Urbino.** Deux belles Assiettes, représentant
des armoiries et des dessins raphaëlesques,
xvi<sup>e</sup> siècle.

21 — **Urbino.** Très jolie Coupe côtelée sur piédouche,
représentant *Daphné* et *Apollon*. Porte au
revers l'inscription et les monogrammes \R. Æ.
xvi<sup>e</sup> siècle.

22 — **Urbino.** Jolie petite Coupe, offrant une Scène
d'intérieur, et, au revers, des Amours dans les
nuages. xvi<sup>e</sup> siècle. Encadrée.

23 — **Urbino.** Jolie petite Coupe dite d'*accouchée*, pré-
sentant à l'intérieur, Trois Femmes réchauffant
un nouveau-né devant le foyer ; au revers, des
Sujets mythologiques, xvi<sup>e</sup> siècle. Encadrée.

24 — **Pesaro.** Grand et beau Plat rond, décor à reflets
métalliques, imbriqué de bleu, offrant au centre *saint Antoine au milieu d'un jardin en
fleurs*, avec banderole sur laquelle on lit :
SANCTE ANTONIO, PORA PRUBIS. La bordure, divisée par compartiments, représente des
écailles de poissons, des palmes et des bandes,
xvi<sup>e</sup> siècle. Cadre en bois sculpté, partie dorée.

25 — **Faenza.** Très beau Plat rond offrant, au centre un
médaillon : *Sainte Marie* en bleu et jaune sur
fond jaune, marli à petits dessins en *sopra-
bianco*, sur fond bleu clair. Bords larges, fond
gros bleu à dessins raphaëlesques et orné de
deux écussons. xvi<sup>e</sup> siècle.

26 — **Faenza.** Beau Plat rond, représentant au centre
*une Femme tenant une aiguière dans chaque
main*; au fond se dessine une vue de ville. La
bordure offre des lambrequins fond jaune, avec
médaillons en réserve à fond plus clair, bordés
de rinceaux. xvi<sup>e</sup> siècle.

27 — **Faenza.** Joli Plat rond à ombilic, décoré d'une
colonne et de festons, marli à petits dessins,
fond en blanc relevé d'une mosaïque en *sopra-
bianco* sous couverte, bordure fond jaune, à
fruits et ornements. xvi<sup>e</sup> siècle.

28 — **La Frata.** Beau Plat rond à ombilic ; riche décor
de feuillages, d'entrelacs et de médaillons à
sujets de chasse en bleu. xvi<sup>e</sup> siècle. Cadre en
bois sculpté, partie dorée.

29 — **Castelli.** Petite Assiette offrant au centre un
paysage, des figures d'amours et des cartouches sur les bords. xviii<sup>e</sup> siècle.

30 — **Castelli**. Petite Coupe à bords côtelés, décor de paysage avec figures. xviii<sup>e</sup> siècle.

31 — **Urbino**. Petite Coupe, décor, fond gros bleu avec trophée en jaune. xvi<sup>e</sup> siècle.

32-33 — **Castelli**. Deux jolies Assiettes offrant au centre, l'une : *Moïse sauvé des eaux*, l'autre : *le Char de Diane*; bordures à figures d'amours et cartouches. xvii<sup>e</sup> siècle. Cadres en bois sculpté, rehaussés d'or par partie.

34 — **Castelli**. Belle Plaque rectangulaire représentant *la Sainte Famille*. xvii<sup>e</sup> siècle. Encadrée.

35 — **Castel-Durante**. Potiche, décor fond bleu avec médaillon à tête d'homme, fleurs et ornements. xvi<sup>e</sup> siècle, montée en cuivre poli, forme lampe.

36 — **Castel-Duran**te. Cornet, décoré de médaillon, d'attributs et d'ornements fond vert.

———

# FAIENCES HISPANO-MORESQUES

37 **Hispano-moresque**. Très beau Plat creux, décor à reflets métalliques, offrant au centre, sur l'ombilic à bossages, des palmes en plein or, des écailles de poisson et des palmettes à petits dessins, sur fond réservé. Le fond présente des ornements lobés et des entrelacs; le marli, une suite de dessins ressemblant à une inscription; le bord vertical, des olives et des feuillages ; le bord plat rappelle le décor de l'ombilic ; le revers est rehaussé de dessin. xvi<sup>e</sup> siècle. Pièce remarquable.

38 — **Hispano-moresque.** Joli Plat rond, décor à reflets métalliques, à larges bords avec palmes
en relief, offrant des petits dessins variés, soit
en réserve sur fond mordoré, soit en or sur
fond blanc, avec ombilic au centre ; encadré
d'un marli à trois bandes de compositions va-
riées. fleurs, arabesques et rosaces. xvıe siècle.

## FAIENCES FRANÇAISES

39 — **Bernard Palissy**. Très beau Plat ovale, offrant
au centre une allégorie de la *Fécondité*, une
femme nue couchée assistée de nombreux enfants. La bordure représente des rinceaux.

40 — **Bernard Palissy.** Jolie Saucière, représentant au
fond *l'Automne et l'Été*.

41 — **Bernard Palissy.** Belle Coupe, offrant au centre
un lion héraldique entouré de médaillons,
forme rosace, à têtes de femmes ; la bordure
dentelée, présente des mascarons encadrés de
coquilles. entrecoupés de fleurs et de rosaces.

42 — **Rouen.** Plat rond, à bords contournés, décor à
la corne au centre, avec fleurs et cornes d'abon-
dance sur les bords, en polychrome.

43 — **Rouen**. Aiguière, décor à fleurs en polychrome;
panse côtelée dans le bas.

44 — **Nevers**. Aiguière, décor en bleu sur blanc, à
ornements.

———

# FAIENCES DE DELFT

45 — **Delft**. Deux jolies Plaques, décor polychrome à
fleurs, balustrades et oiseaux.

46 — **Delft**. Plat rond, offrant au centre un groupe de
personnages au bord d'un canal, en camaïeu
bleu; bordure à fleurs polychromes.

47 — **Delft**. Deux Fraisiers avec plateaux, décor à
fleurs en bleu.

48 — **Delft**. Deux Potiches ovoïdes, décor à oiseaux et
paysages en bleu sur blanc.

49 — **Delft**. Petite Plaque, décor polychrome.

———

# FAIENCES DE PERSE

50 — **Perse**. Beau Compotier, offrant au centre, sur
fond bleu, des fleurs et des feuillages, encadrés
d'une dentelure fine.

51 — **Perse**. Beau Plat rond, offrant au centre un médaillon losangé à fond bleu et rosaces, des gerbes de fleurs, bordure à l'œillet rouge, entrecoupé de fleurs en bleu.

52 — **Perse.** Compotier, décor à palmes et fleurs.

53 — **Perse.** Plat rond, décor aux œillets et tulipes.

54 — **Perse**. Beau Plat, offrant des syrènes et des fleurs sur fond bleu.

55 — **Perse.** Plaque carrée, décor à palmes. Encadrée.

56 — **Perse.** Plaque ronde, décor à fleurs. Encadrée,

57 — **Perse.** Deux petits Pots à anses, décor par bandes à tulipes et entrelacs.

---

# PORCELAINES ORIENTALES

58 — **Inde ancien**. Très important Service, décor à bouquets de fleurs détachés en émaux de couleur et en relief; bordure dentelée à rehauts d'or. Il se compose de : Une grande Soupière, deux Soupières moyennes, un Légumier, deux Beurriers avec plateaux, deux Saucières, onze Bateaux ovales, deux autres Bateaux ronds, trois Salières surmontées de dauphins, cinq Salières rondes, six grands Plats ronds, huit autres Plats moyens, un grand Plat creux, quatre grands Compotiers, quatre autres Compotiers moyens, quatre autres petits Compotiers, six Fraisiers, trente-huit Assiettes creuses, quatre-vingt-seize Assiettes plates.

59 — **Chine ancien**. Deux beaux Plats ronds, décor de la famille verte, bords côtelés.

60 — **Chine ancien**. Deux Plats ronds, offrant au centre des figures de Bacchus encadrées d'entrelacs et de vigne, en bleu sur blanc.

61 — **Chine ancien**. Deux Compotiers à bords cotelés de la famille verte, décorés d'oiseaux dans des paysages.

62 — **Japon ancien**. Deux Compotiers, décor bleu, rouge et or.

———

# ÉMAUX DE LIMOGES

63 — Beau Baiser de paix, représentant la Cène, xvi siècle.

64 — Deux Médaillons ronds : Têtes de César, xvi siècle.

65-66 — Deux Plaques ovales, représentant *Minerve* et *Bellone*. xvi siècle.

67 — Petite Coupe creuse, représentant au centre *Saint Michel*, encadré de figures de chérubins et d'ornements, décorée au revers, xvii siècle.

## IVOIRES EUROPÉENS

68-69 — Deux grandes et belles Statuettes représentant *le Printemps* et *l'Automne*, époque Louis XVI. sur socles en bois noir.

70 — Grande Figurine représentant *la Vierge* les mains croisées sur sa poitrine, amplement drapée, xvii⁰ siècle.

71 — Groupe représentant *la Vierge* tenant le rameau béni et portant l'Enfant Jésus. xvii⁰ siècle. sur socle en bois noir.

72-73 — Deux jolis petits Groupes de Bacchus s'enivrant, époque Louis XVI. socles en bois noir.

74 — Petit Groupe de *la Vierge* portant son Divin Fils, époque Louis XIV. socle en ivoire et bois noir du temps.

75 — Figurine de *Saint Pierre*, époque Louis XIV.

76 — Bas-relief représentant *un Martyr délivré par les chérubins*. xvii⁰ siècle.

## IVOIRES CHINOIS ET JAPONAIS

77 — Très beau Groupe représentant un personnage à grande barbe sur une tortue et portant un enfant dans ses bras. Son costume gravé est rehaussé de peinture. Travail japonais. Pièce importante, signée par l'artiste.

78 — Joli Vase finement sculpté à jour, offrant des
dragons, des chauves-souris et des lièvres au
milieu d'entrelacs. Travail chinois.

79 — Joli Cornet offrant en bas-relief des scènes cham-
pêtres composées de nombreuses figures. Travail chinois, socle en bois sculpté.

80 — Groupe représentant un Bouddha sur un buffle.
Travail japonais.

81 — Groupe représentant une femme et une petite
fille posées sur une tortue. Travail japonais.

82 — Groupe de quatre enfants jouant autour d'un
éléphant. Travail japonais.

83 — Petit Groupe de personnages sur un éléphant,
accompagné de petits musiciens. Travail japonais, signé.

84 — Groupe de cinq musiciens. Travail japonais,
signé.

85 — Groupe de quatre petits personnages. Travail
japonais, signé.

86 — Groupe de deux personnages. Travail japonais,
signé.

87-88 — Six petits Sujets en ivoire. Travail japonais.

# SCULPTURES SUR PIERRE DE LARD
## OBJETS DIVERS

89 — Deux Groupes de personnages sur des chimères, en pierre de lard.

90 — Deux Figurines teintées, sur socles en bois.

91 — Trois Flacons à tabac en matières diverses.

92 — Deux Divinités égyptiennes.

93 — Bonbonnière en écaille, couverte de filigrane.

94 — Bonbonnière en vernis de Martin, montée en or. Louis XVI.

95 — Boîte à mouches en argent ciselé, à médaillons. attributs èt ornements Louis XV.

96 — Joli Flambeau en argent finement ciselé décoré de figures allégoriques aux saisons et d'ornements style Renaissance.

97 — Baguier, forme pavillon chinois, en argent.

98-99 — Quatre Plaquettes en bronze, sujets allégoriques en bas-relief.

100 — Bas-Relief sur cuivre du xviie siècle.

101 — Petit Bas-Relief rectangulaire, bronze du XVIᵉ
      siècle, représentant un Char de triomphe.

102 — Divinité ancienne en bronze chinois.

103 — Vase orné de bas-reliefs, travail chinois sur pierre
      de lard.

104 — Figurine en terre émaillée par partie du Japon.

105 — Boîte à sébiles en nacre et écaille, XVIIIᵉ siècle.

106 — Mouvement de pendule Louis XIV en cuivre
      gravé.

107 — Deux Flambeaux en cristal de roche taillé, XVIIIᵉ
      siècle.

108 — Petit Bas-Relief à nombreuses figures d'enfants
      en bronze et petit groupe en bronze bleui.

109 — Lot des Scarabées, d'amulettes, d'animaux symbo-
      liques et de fétiches orientaux.

# OBJETS D'AMEUBLEMENT

110 — Très beau Lustre, de forme élégante, à rinceaux
      gracieusement contournés et tout garnis de
      guirlandes, de poires, de pommes, de pende-
      loques et d'un enfilage en cristal de roche,
      forme Louis XIV.

111-112 — Quatre belles Appliques en bronze doré et
poli, à sept lumières, richement ornées de guirlandes, de poires et de pommes en cristal de
roche, forme Louis XIV.

113 — Belle Glace à fronton, avec encadrement en
glace biseautée, montée en bronze doré, époque
Louis XIV.

114 — Deux belles Jardinières en bronze doré et poli
finement ciselé et repercé, élevées sur quatre
pieds forme rinceaux feuillagés avec croisillon
à vase de fleurs.

115 — Vitrine en glace montée en fer, fond gainé de
velours gros bleu, posée sur un bahut en bois
peint dans le goût moresque.

116 — Crédence en bois sculpté, à colonnes détachées,
offrant sur le battant central un *Saint Georges*
et, au fronton, des Amours sur des Dauphins.
Exécuté d'après les dessins de *Ducerceau*.

117 — Deux Flambeaux en bronze poli, style Louis XIV.

118 — Pendule de forme dite *Religieuse* en marqueterie
de cuivre et d'étain sur fond d'écaille de l'Inde.
Cadran signé : *Balthazar Martinot, à Paris*.

119 — Paire de Girandoles à cinq lumières en bronze
poli, style Louis XIV.

120 — Lustre, style flamand, en cuivre poli, à douze
lumières.

121 — Belle Statuette en bronze : *Vénus au dauphin*.

122-123 — Cerf et Cheval en bronze sur socles en marbre.

124 — Brûle-Parfums en bronze florentin, avec figure d'enfant sur le couvercle, xvie siècle.

125 — Figurine d'esclave en bronze.

126 — Figurine de Diane en bronze, socle en marbre vert.

127 — Figurine de Mercure en bronze, socle en marbre vert.

128 — Groupe de Chiens en bronze, de *Frémiet*

---

# TABLEAUX

—

## DAUBIGNY (Karl)

129 — Bords de rivière.

## DUPRÉ (Victor)

130 — La Mare.

## DUPRÉ (Victor)

131 — Le Passage du gué.

## D'HOEST (Jules)

132 — Le Vacher. Paysage de Normandie.

—

# TAPIS

133 — Beau Tapis d'Orient à fond rouge et médaillons,
bordure à petits dessins.

Vᵉ Renou, Maulde et Cock, imprs de la Compagnie des Commissaires-Priseurs,
rue de Rivoli, 144.        400 — 48425